Ville de DORMANS (Marne)

VENTE AUX ENCHÈRES PUBLIQUES

PAR SUITE DE LA VENTE DES IMMEUBLES

DES

OBJETS D'ART

ET

D'AMEUBLEMENT

COMPRENANT

BEAUX MOBILIERS ANCIENS DE SALON

En bois sculpté et doré, des époques Louis XV

MEUBLES DE DIVERSES ÉPOQUES

Sièges par JACOB

HARPE ET CLAVECIN DU PREMIER EMPIRE

Ornés de bronzes ciselés et dorés

Dus à THOMIRE

Gaînes en marbre et Bustes par COUSTOU et STOUF

Pendules, Candélabres, Flambeaux et Chenets en bronze

DE DIVERSES ÉPOQUES

TABLEAUX ANCIENS, GRAVURES

BILLARD, PIANO, MOBILIER COURANT, ETC.

LE TOUT

GARNISSANT LE CHATEAU DE DORMANS

OU LA VENTE AURA LIEU

Les Lundi 14, Mardi 15 et Mercredi 16 Juin 1886

A UNE HEURE PRÉCISE

Mᵉ Ch. DUBOIS	M. E. GANDOUIN
NOTAIRE	EXPERT
	à Paris, rue Le Peletier, 42
à Épernay	et à Dormans, hôtel du Lion-d'Or

Chez lesquels se distribue le Catalogue

EXPOSITIONS PUBLIQUES

Les Samedi 12 et Dimanche 13 Juin 1886, de 11 heures à 5 heures.

PARIS — 1886

CONDITIONS DE LA VENTE

Elle sera faite au comptant.

Les Acquéreurs paieront DIX POUR CENT en sus des adjudications, applicables aux frais.

L'Expert, chargé de la vente, se réserve la faculté de réunir ou diviser les lots.

Les Tares et Défauts, omis au présent Catalogue, seront annoncés à chaque mise en vente des Objets.

En cas de contestation sur une enchère, l'Objet sera immédiatement remis en vente.

L'ordre numérique du Catalogue ne sera pas suivi.

LE CATALOGUE SE DISTRIBUE

à **AMIENS** .... Chez M. LEFEVRE, antiquaire.
à **ARRAS** .... — M. COSSIAU, rue des Trois-Faucilles.
à **BEAUVAIS** .... — M. MARÉCHAL.
à **BRUXELLES** ...... — M. LAMPE, Expert des Musées royaux, rue Traversière, 82.
à **CAMBRAI** .... — M. GERMAIN BRACQ, antiquaire.
à **DOUAI** .... — M. MAILLEZ, rue de Valenciennes, 30.
à **LILLE** .... — M. CARLIER, rue Esquermoise, 7.
à **REIMS** .... — M. LEGAY, antiquaire.
à **NANCY** .... — M. LEGAY, antiquaire.
à **PARIS** .... — M. E. GANDOUIN, rue Le Peletier, 42, et au *Journal des Arts*, r. Le Peletier, 47.
à **TROYES** .... — E. MAZURIER, antiquaire.
à **CHALONS-sur-MARNE** .. — M. SEINTIER, antiquaire.

NOTA

M. GANDOUIN, Expert, chargé de la Vente, remplira les Commissions des personnes qui ne pourraient y assister.

Il se charge de toutes expertises et rédaction de Catalogues, pour collections particulières et pour celles destinées à être vendues aux enchères, ainsi que d'estimations d'Objets d'art, pour partages de succession et autres cas.

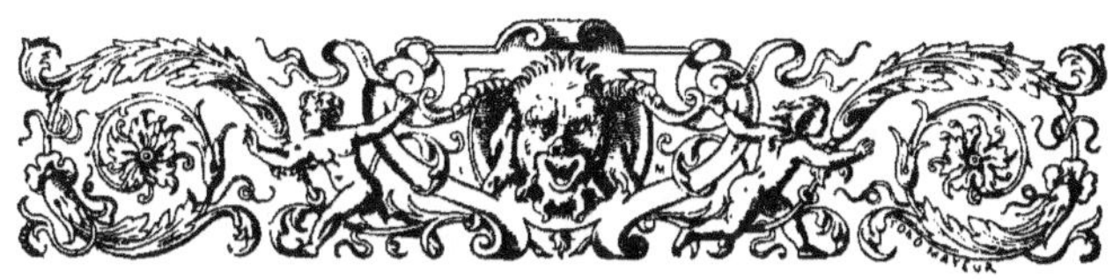

DÉSIGNATION

VESTIBULE DU REZ-DE-CHAUSSÉE

1 — **Coustou.** L'Afrique. — L'Asie.

Deux bustes en marbre. Les mains fracturées.

Haut. 0m90.

2 — Deux Colonnes en stuc.

3 — Hallebarde de l'époque Henri III; le fer gravé, orné d'arabesques, est armorié.

4 — **Terre cuite.** Statue de page. Travail de l'époque Louis-Philippe.

Haut., socle compris, 2m.

5 — Chaise de l'époque Louis XIII, recouverte en tapisserie à fleurs.

6 — Cartel en bois sculpté.

7 — Canapé et Fauteuil en chêne sculpté.

8 — Deux grandes Banquettes en acajou, deux Têtes de biches, quatre Animaux empaillés, deux Porte-Manteaux, un Porte-Parapluie.

8 *bis* — Divan de milieu capitonné, recouvert d'étoffe imprimée.

SALLE A MANGER DU REZ-DE-CHAUSSÉE

9 — **Stouf**. Nègre. — Négresse.

> Deux très beaux bustes en marbre. Les têtes, en plomb,
> sont peintes en noir et ont les yeux en agate.
> Signés et datés : *Stouf f.. 1775.*
>
> Haut. 0^m83.

10 — **Stouf**. Deux très belles Gaînes en marbre brèche
du Languedoc, brèche d'Afrique et marbre
blanc statuaire. Le sommet couronné d'une
guirlande de fruits, et ornées, sur la face, de
termes (Homme et Femme).

Haut. 0^m13.

11 — Pendule à accrocher, avec son socle, en vernis
rouge dit de Martin, ornée de bronzes ciselés
et dorés. Travail de l'époque Louis XV.

Haut. 1^m33.

12 — Baromètre en bois sculpté et doré. Travail de
l'époque Louis XVI.

13 — Deux Guéridons trépieds en acajou sculpté, à
têtes d'aigles, époque Empire.

14 — Mobilier de salle à manger, comprenant :
Grand Dressoir.
Autre Dressoir, plus petit.
Servante.
Table à allonges.
Huit Chaises.

15 — Canapé et quatre Fauteuils recouverts en drap
imprimé, en bois d'acajou sculpté.

16 — Table à jeu en acajou. style Louis XV.

17 — Petite Table à ouvrage en acajou.

18 — Sous ce numéro, diverses Pièces en plaqué :
Réchauds, Salières, Vases, Verrerie, Service
de table en porcelaine, Vases, etc., etc.

19 — **École française.** Panneau décoratif (Amours).
20 — **École française.** Portrait de femme (Pastel).
21 — **École française.** Nature morte.
22 — Deux Porte-Lampes en bronze.
    Deux Girandoles, à 2 lumières, en bronze doré,
       époque Empire.
23 — Suspension à gaz, en cuivre.
    Jardinière en fer peint et doré.
    Douze Rideaux.
    Sept Cache-Pots divers.

CHAMBRE DU RÉGISSEUR

24 — Pendule en bronze, époque Empire (Apollon).
25 — Deux Lampes en bronze, système Carcel.
26 — **École française.** Trois grands Dessus de porte
    (Amours).
27 — Table à jeu, Bureau, époque Louis XVI.
    Lustre en fer et verres de couleur.
    Un Canapé en acajou.
    Une Bibliothèque.
    Un Guéridon.
    Lit en fer, deux Matelas.
    Table de nuit en acajou.

COULOIR DU PREMIER

28 — Table à jeu, trictrac, époque Louis XVI, pieds
    cannelés et filets de cuivre.
29 — Petite Console-Étagère, même époque.
30 — Petite Table à volets, en acajou, et un Baromètre
31 — **Maltais** (Chevalier). Fleurs, Fruits et Instruments
    divers.

32 — **École italienne**. Paysage.

33 — **École flamande**. Paysage. Cadre en bois sculpté.

34 — **École flamande**. Saint Michel. Cadre en bois sculpté.

35 — Trois Cadres contenant six Aquarelles (Paysages).

36 — Tableau - Horloge et une Toile (Paysage). Signée J. A. B.

CHAMBRE DE LA TOURELLE

37 — Pendule en marbre et bronze doré, style Louis XVI. Signée *Raingo, à Paris*.

38 — Table de l'époque Louis XIV, pieds à volutes et touffes de chêne sculptées.

39 — Lit en bois sculpté et tourné, style Louis XIII.

40 — Commode en acajou.
Guéridon en acajou.
Petit Chiffonnier en acajou.
Trois Chaises en acajou.
Six Rideaux en perse.
Tapis en moquette.
Deux Fauteuils en velours.
Galerie de foyer en fonte et cuivre.
Table de nuit.

41 — **École française**. Deux Aquarelles (Paysages).

42 — Deux Gouaches : Vues d'Italie.

43 — Quatre Gravures encadrées, trois Vases en porcelaine et cristaux divers.
Glace.
Toilette et sa Garniture.
Bidet, Séchoir.

SALON JAUNE

44 — Pendule en marbre et bronze (Enfants aux bulles de savon), époque Louis XVIII.

45 — Corneille. — Racine.
Deux statuettes en bronze. Signées Pigalle.

46 — Paire de Flambeaux-Girandoles en bronze doré, époque Empire.

47 — Galerie de foyer en bronze.

48 — Petite Table-Torchère Louis XIII, et Boîte à thé en laque.

49 — Chiffonnier en bois rose, orné de bronzes.

50 — Quatre beaux Fauteuils en acajou sculpté, ornés de bronzes ciselés et dorés.
Ces Meubles ont été exécutés par **Jacob**.

51 — Canapé et deux Fauteuils capitonnés.
Quatre Rideaux en damas de soie jaune.
Tapis en moquette.
Bureau en acajou.

52 — Glace avec cadre sculpté et doré.

53 — **École hollandaise**. Deux Marines (Aquarelles).

54 — **Bidault**. Paysage.

55 — Guéridon en bois de palissandre et marqueterie de bois d'érable, feuillages et arabesques.

56 — **Giordano**. Saint Jérôme.

CHAMBRE N° 12

57 — Pendule de l'époque Louis XVI, en bronze argenté bleui et bronze doré.
Cette pendule, en forme de petit monument à fronton, est surmontée d'un buste de Voltaire entouré d'attributs et de deux Amours, elle est ornée de chaque côté de termes figurant la Tragédie et la Comédie, au pied desquels sont placés leurs attributs.
Mouvement signé *Furet à Paris*.
Nota. — La surface bleuie est avariée.

58 — Paire de Chenets en fonte, style Louis XIII.

59 — Commode de l'époque du premier Empire, ornée de bronzes dorés.

60 — Armoire à glace en palissandre et marqueterie de bois.

Table de nuit. Même travail.

Table à jeu. Même travail.

Deux Chaises.

61 — Canapé, deux Fauteuils capitonnés velours, en bois d'acajou, quatre Chaises garnies de même.

62 — Petite table à ouvrage, trois tiroirs ornés de bronzes.

63 — **Michau.** Paysage orné de figures.

64 — **Sébastien Conca.** Saint Louis de Gonzague.

65 — **Tournières** (R.). Portrait d'homme représenté en cuirasse à mi-corps, cadre en bois sculpté.

66 — Tableau mécanique.

67 — **École française.** Deux Portraits de femme (Pastels).

68 — Glace avec cadre doré.

69 — Lit en acajou, un Sommier, deux Matelas.

70 — Deux Cornets en vieux Japon.

Quatre Rideaux en toile Perse.

Tapis en moquette.

Verre d'eau.

Service de toilette.

Globe avec vaisseau mécanique.

71 — **École française.** Deux Paysages (Aquarelles).

72 — **École française.** Marine et Gravure de l'École anglaise.

CHAMBRE N° 11

73 — Pendule et Candélabres en bronze doré et porcelaine façon Sèvres.

74 — Deux Coupes en porcelaine de Chine et bronze
doré.

75 — Deux Lampes en porcelaine, et deux Flambeaux
style Louis XIII en bronze doré.

76 — Jardinière en fonte style Louis XVI et Galerie de
foyer en cuivre.

77 — Très jolie Commode de l'époque Louis XV en
bois de rose, ornée de bronzes ciselés et dorés.
Signé *Ch. W. ME.*

78 — Secrétaire de l'époque Empire en acajou, orné de
bronzes ciselés et dorés.

79 — Grand lit de l'époque Louis XVI à colonnes can-
nelées, trois Matelas, un Sommier.

80 — **Delft ancien.** Potiche, décor bleu chinois, mon-
ture en bronze doré.

81 — **Delft ancien.** Potiche et deux Cornets à relief
décor bleu à personnages.

82 — Deux Fauteuils en acajou époque Empire, Bureau
en acajou et guéridon en acajou de même époque, Chiffonnier à six tiroirs.

83 — Canapé capitonné velours rouge, deux Fauteuils,
deux petites Chaises, Chaise en palissandre
garnie de même, six Rideaux en Perse, Tapis
moquette.

84 — **Boucher** (Ecole de). L'Education de l'Amour.

85 — **Heusch** (Guillaume de). Paysage, cadre en
ébène.

CABINET DE TOILETTE

86 — Grand Chiffonnier époque Empire.
Toilette chemin de fer en palissandre.
Table à ouvrage en acajou.
Table de nuit en acajou, deux Chaises.
Service de toilette.

SALLE A MANGER DU 1ᵉʳ ÉTAGE

87 — Deux grandes Lampes en bronze doré et porcelaine de Paris, décorées de sujets d'après Boucher.

88 — **Nevers ancien.** Cache-Pot à anses torses, décor bleu, à personnages chinois.

89 — **Nevers ancien.** Autre Cache-Pot à anses torses.

90 — **Nevers ancien.** Autre Cache-Pot, décor paysage.

91 — **Japon ancien.** Deux petites Potiches, décor polychrome.

92 — **Ancy-le-Franc.** Vasque de fontaine à accrocher, décor polychrome, paysage.

93 — **Delft ancien.** Deux Potiches à relief, décor bleu.

94 — Suspension.

95 — Cartel en bois sculpté style Louis XIII.

96 — Bas de meuble à deux portes en noyer sculpté, très beau travail du xvıᵉ siècle.

97 — Autre Bas de meuble, de même époque, en noyer sculpté.

98 — Servante en chêne sculpté.

99 — Deux Étagères en acajou, époque Louis XVIII.

100 — Cave à liqueurs, quatre Carafons et douze Verres.

101 — Table en chêne sculpté style Louis XIII, cinq Chaises en chêne sculpté, six petites Chaises laquées.

102 — Guéridon ovale en acajou, époque Louis XVIII.

103 — **Bronze.** Cheval écorché.

Hauteur 103, long. de la terrasse 68.

104 — **Bronze.** Quatre Appliques (Bouquets).

105 — **Géré.** Paysages (deux Pendants).

106 — **Huber.** Paysages. Deux pendants. Signés.

107 — **Lordon.** Le Génie des Sciences.

108 — **Bodeman.** Paysage. Signé.

109 — **Jouvenet.** Vue de Reims. Signé et daté 1838.

110 — **Sarrazin.** Paysage.

111 — Quatre Rideaux.
Deux Porte-Bouquets en verre.
Dix Animaux empaillés.

GRAND SALON DU 1ᵉʳ ÉTAGE

112 — Pendule en bronze ciselé et doré Louis XVI
Amour couronnant les Sciences. Mouvement
signé *Julien le Roy, à Paris.*

113 — Paire de Candélabres à 4 lumières, en marbre et
bronze, époque du Iᵉʳ Empire.

141 — Quatre Appliques bronze, à 5 lumières.

115 — Galerie de foyer en bronze et bronze doré,
époque du Iᵉʳ Empire.

116 — Paire de Chenets en bronze, époque Louis XIV,
modèle : Amours assis.

117 — Meuble bonheur-du-jour, écaille et marqueterie
de cuivre, genre de Boule.

118 — Deux Meubles d'appui de même travail.

119 — Bureau de même travail.

120 — Deux glaces cadre en bois sculpté doré, à fronton, époque Louis XVI.

121 — Petit Bureau à étagère, style Louis XV, orné de
bronzes.

122 — Piano de Mercier, caisse acajou et tabouret.

123 — Grand Bureau à écrire debout, en bois de vio-
lette, travail de l'époque Louis XV.

124 — Julie, impératrice romaine, buste en marbre.

125 — Homère. — Sophocle.
Deux bustes en marbre.

126 — Deux Gaînes carrées en bois sculpté, la face
ornée de branches de laurier. Travail de
l'époque Louis XVI.

127 - **Japon ancien**. Deux grosses Potiches à couvercles, décor polychrome : femmes. (Une répa-
rée).

128 — **Chine ancien.** Deux grands Cornets, décor polychrome à froid.

129 — Grand Lustre, 2 lumières, de l'époque Louis XIV,
bronze doré et cristaux.

130 — Table de milieu dorée, avec très belle plaque en
granit rose de Suède.

131 — Petite Étagère de surtout en bois sculpté doré,
époque Louis XIV.

132 — Harpe de l'époque du Ier Empire. Signé *Beckers
à Paris.*

La caisse est ornée de peintures au vernis de Martin, et
représente des Arabesques, des Amours dansant, des Trophées de musique et Attributs militaires, au bas, deux
Nymphes dansant, Clio et Euterpe; la colonne qui supporte
le chevalet est cannelée et dorée, un chapiteau en bronze
ciselé et doré la termine; il porte des bas-reliefs représentant des Nymphes, des Amours, surmontés au sommet du
buste d'Apollon couronné par deux amours.

Objet de 1er ordre.

Il manque quelques petits morceaux de bronze.

133 — Piano carré ou clavecin. Signé *Beckers* facteur
de pianos et harpes, gendre et successeur de
Mercken, fecit à Paris, 1810.

Ce remarquable instrument est en bois d'acajou et bois
de loupe; il est supporté par quatre colonnes massives
ornées de chapiteaux et bases en bronze ciselé et doré,
reliées par un plancher cintré intérieurement où sont pla-
cées les pédales.

La caisse est ornée de superbes appliques en bronze
ciselées et dorées, représentant des thyrses entourés de
lierre, de cornes d'abondance, de trophées d'instruments,
d'arabesques surmontées d'Amours jouant de la flûte et du
cor; au centre, un grand bas-relief représente Apollon et
les Muses; la tablette qui recouvre le tout est marquetée
de nacre et entourée d'un quart de rond à oves en bronze
ciselé et doré.

Les touches du clavier sont en nacre et le bandeau est
orné d'une peinture au vernis dit de Martin, représentant
des Amours jouant de divers instruments.

134 — Mobilier de salon en bois sculpté et doré recou-
vert en damas de soie, époque de la Régence,
comprenant :
Un Canapé.
Quatre Fauteuils.
Six Chaises.

135 — Cinq Fauteuils bois sculpté et doré, époque
Louis XV, recouverts de même.

136 — **Largillière**. Portrait de femme. Cadre en bois
sculpté.

137 — **Tischben**. Portrait d'homme. Cadre en bois
sculpté.

138 — **École française**. Portrait de femme. Cadre en
bois sculpté.

139 — **École française**. Portrait d'homme. Cadre en
bois sculpté.

140 — **École française**. Amours. Cadre en bois sculpté.

141 — **Oudry** (École de). Repas champêtre. Cadre en
bois sculpté.

142 — **École française**. Les Cerises, d'après Baudouin.
— Chasse aux Oiseaux, d'après Boucher.

143 — Peau de tigre.
Dix Rideaux en toile perse.

SALLE DE BILLARD

144 — Garniture de cheminée en bronze et bronze doré.
La pendule représente le *Temps* et l'*Histoire*.
Deux Candélabres à 8 lumières.

145 — Deux Appliques de style Louis XV, à 5 lumières.

146 — Galerie de foyer, bronze et bronze doré, lions et
serpents.

147 — Grand Billard avec blouses et pieds en bronze
ciselés et dorés. *Chereau*, breveté du roi,
Guillelouvette et Thomeret, rue des Marais, 47.

148 — Quatre Chaises de l'époque Louis XIV, modèle
à lyre.

149 — Très grand Canapé de l'époque Louis XVI, bois
sculpté à rais de cœur, balustres et pieds can-
nelés, 4 coussins.

Profondeur du siège : 1 mètre. Largeur : 3 m. 40.

150 — Deux Fauteuils de même travail.

151 — Fauteuil de l'époque Louis XV.

152 — Grande Glace, style Louis XIV.

153 — Console de l'époque Louis XIV, la ceinture
richement ornée, les pieds, reliés en X, scul-
ptés.

154 — Potiche en Chine, décor bleu.

155 — Deux Lampes et leurs pieds.

156 — Suspension à 4 lampes, système Carcel.

157 — **Bibiena.** Vue d'une Ville avec nombreux monu-
ments et personnages. Cadre en bois sculpté.

158 — **Rubens** (D'après). La Tonte des moutons.

159 — **Vien.** Portrait du duc de Richelieu.

160 — **École Française.** Abraham renvoyant Agar.

161 — Porte-queues de billard et vingt-deux queues
avec marque de points.

162 — Jeu de Toupie hollandaise.

163 — Table à Jeu en bois marqueté.

164 — Divan d'encoignure et Tapis de cheminée, huit
Rideaux.

FUMOIR DU BILLARD

165 — **École Française.** Portrait de femme. Beau cadre
sculpté.

166 — **Mignard.** Gaston d'Orléans. Cadre en bois
sculpté.

167 — **Ricci.** Héliodore dans le Temple.

168 — **Ricci.** Moïse sauvé des eaux.

169 — Six Chaises en palissandre et tresses de soie.
Signées *Janselme*.

170 — Pendule et Candélabres en bronze, style héroïque
à guerriers. Signés *Raingo frères*.

171 — Philippe-Auguste. — Charlemagne.
Deux Statuettes en bronze.

172 — Galerie de foyer, même matière et bronze, porte-
pelle et accessoires.

173 — **Japon.** Deux Potiches et quatre Cornets décor
polychrome.

174 — **Bronze.** Lustre porte-lampe à 8 places.

175 — Six Rideaux et un Tapis en moquette.

CHAMBRE DE LA TOURELLE DU 2ᵉ ÉTAGE

176 — Commode Louis XIV, ornée de bronzes.
Lit en acajou, Matelas, Sommier.
Quatre Sièges, deux Glaces, deux Tables, un
Bidet.
Quatre Gravures, une Pendule en albâtre.

CHAMBRE N° 1

177 — Pendule et Flambeaux à 2 lumières, en bronze
doré et porcelaine, style Louis XV.
Quatre Gravures encadrées.
Lit en acajou, deux Matelas, un Sommier.
Deux Chaises et un Fauteuil en acajou.
Toilette en noyer et ses accessoires.
Table de nuit, Glace.
Commode en acajou époque Louis XVI.
Lit, deux Chaises, Commode en noyer et Glace.
Deux Rideaux en Perse.

CHAMBRE N° 2

178 — Pendule en marbre et bronze, époque Louis-
     Philippe.
179 — Jardinière en porcelaine montée en bronze.
180 — Console en acajou, époque Louis XVI.
181 — Lit en fonte, un Matelas, un Sommier.
182 — Canapé en acajou, deux Fauteuils Voltaire,
     quatre Chaises.
     Commode et Table de nuit en acajou.
     Secrétaire Louis XVI en bois de rose.
     Galerie de foyer en cuivre.
     Six Rideaux de Perse. Tapis en moquette.
183 — **École française.** Marguerite filant.
     Quatre Flambeaux en bronze.
     Jardinière en faïence.
     Toilette en acajou.

CHAMBRE N° 3

184 — Pendule borne en marbre, par Raingo.
185 — Deux Candélabres à 6 lumières, en bronze.
186 — Deux Flambeaux époque Louis XVI, en bronze
     doré.
187 — Mobilier de chambre à coucher en acajou : Tapis
     en moquette.
     Lit, un Matelas, un Sommier.
     Secrétaire, Commode.
     Table de nuit.
     Console.
     Galerie de foyer en cuivre.
     Deux Fauteuils, six Chaises.
     Glace, deux Flacons, un Vide-Poche.
     Cinq Gravures.
     Quatre Rideaux, un Tapis en moquette.

188 — Groupe en biscuit de Sèvres : La Charité.
189 — **École hollandaise.** Deux Marines (Aquarelles).
190 — Deux Gravures encadrées.
Toilette et ses accessoires, Bidet.
Deux Rideaux en perse.

CHAMBRE N° 4

191 — Pendule et deux Vases en albâtre.
192 — Secrétaire Louis XVI en bois de rose.
193 — Commode Louis XVI en bois de rose.
194 — Lit en acajou, Matelas et Sommier.
195 — Deux Fauteuils noirs et quatre fauteuils poufs.
196 — Pendule en marbre vert de mer.
197 — Deux Fauteuils d'encoignure en acajou.
198 — Sept Gravures encadrées.
199 — Toilette en noyer et ses accessoires, Glace,
Descente de lit, Table de nuit, Guéridon en
acajou. Galerie de foyer en cuivre.
Six Rideaux en perse.

CHAMBRE N° 5

200 — Garniture de cheminée : Pendule et Candélabres
en marbre et bronze : La Esmeralda.
201 — Commode, époque Louis XVI, en acajou.
202 — Glace encadrée.
Lit en acajou, trois Matelas.
203 — Cinq Gravures encadrées.
204 — Petit Bureau en acajou.
Table ronde en acajou.
Huit Chaises en acajou.
Quatre Rideaux en perse et un Tapis en moquette.
Deux Vases en porcelaine glacière.
Petite Table à ouvrage.
Toilette en acajou et ses accessoires.
Toilette en acajou, un Bidet, cinq Gravures,
une Glace.

205 — **École moderne**. Deux Marines, tableaux signés
Dubois.

CHAMBRE N° 6

206 — Pendule en chêne sculpté.
207 — **Faïence ancienne d'Italie**. Deux Vases de phar-
macie.
208 — Secrétaire Louis XVI en bois rose.
209 — Commode en acajou.
Autre Commode.
Cinq Sièges en acajou, une Table laquée.
Lit de fer, deux Matelas, un Sommier.
210 — Deux Flambeaux Louis XVI en bronze doré.
211 — Deux Pastels : Portraits de femmes.
212 — Galerie de foyer en cuivre.
Deux petites Tables de nuit.
Quatre Gravures encadrées.
Quatre Rideaux en perse.
Une Glace.

CHAMBRE DE LA TOURELLE

212 *bis* — Lit en acajou, deux Matelas, un Sommier.
Commode.
Divan, six Sièges, Table de nuit.

CHAMBRE SOUS L'ESCALIER DU 2ᵉ ÉTAGE

213 — Glace.
Commode en noyer.
Toilette en acajou.
Table de nuit en acajou.
Lit de fer, deux Matelas.

CUISINE

214 — Trois Poissonnières.
Deux Daubières.
Un Pot au feu.
Trente-neuf Pièces en cuivre, couvercles compris.
Deux Chaudrons.
Table de cuisine.
Buffet, Billot, Mortier.
Troncs.

215 — Deux Baignoires.
Appareil à douches.

MATÉRIEL DE JARDIN

216 — Dix-sept Canapés en fer.
217 — Deux Tables.
218 — Quarante-deux Chaises et cinq Fauteuils.
219 — Huit grosses Caisses d'orangers.
220 — Trois Caisses d'orangers, plus petites.
221 — Deux Caisses de lauriers sauce.
222 — Six grosses Caisses de grenadiers.
223 — Six Caisses de grenadiers, plus petites.
224 — Yucca de grande taille.
225 — Six Yuccas, petits.
226 — Vingt-cinq Plantes grasses exotiques diverses.
227 — Charrue pour allées.
228 — Outils divers de jardinage.
229 — Tuyaux d'arrosage divers.
230 — Tombereau, Charrette, Rouleau.
231 — Vingt-deux Châssis de couches.

232 — Charrue Brabant.
233 — Deux Brouettes.
234 — Chariot pour rentrer les caisses.
235 — Coupe-Racines.
236 — Nombreux Objets : Lits en fer, Meubles divers,
      Pressoir, Hache-Paille, Tréteaux, Selles, etc. —
      Huit Casiers à bouteilles.
237 — Nombreux Rideaux de vitrage, Matelas, Oreillers,
      Traversins, Couvre-Lits, Couvertures, Objets
      divers, Débarras.

Vve RENOU et MAULDE, imprimeurs de la Compagnie des Commissaires-Priseurs,
rue de Rivoli, 144.   600—68495

www.ingramcontent.com/pod-product-compliance
Lightning Source LLC
LaVergne TN
LVHW020848200726
843508LV00003B/1083